DOD AND DAVIE

translated into Scots by
J.K. ANNAND

from the original
MAX UND MORITZ
by
WILHELM BUSCH

CANONGATE
1986

First published in Scots in 1986
by Canongate Publishing Limited, Edinburgh

Translation © 1986 J.K. Annand

Translation based on the 1865 text
The illustrations in this edition are reproduced from
an early hand-coloured print (ca.1870).

Reprinted by arrangement with Diogenes Verlag Ag, Zurich.

*The publishers acknowledge the financial assistance of
the Scottish Arts Council and the Goethe Institute, Glasgow, in
the publication of this volume*

British Library Cataloguing in Publication Data

Busch, Wilhelm
  Dod and Davie.
  1. German poetry—Translations into Scots
  2. Scottish poetry—Translations from German
  3. German poetry—19th century
  I. Title II. Annand, J.K. III. Max und Moritz. *Scots*
  831'.8   PT1161.S/

Typeset by Witwell Limited, Liverpool
Printed in Italy by Vincenzo Bona
through Keats European Ltd, London

DOD AND DAVIE

Foreword

What for maun we thole wee laddies
When they are sic awfu baddies!
For ensample let me save ye
Frae a pair like Dod and Davie,

Wha insteid o trying harder
To be guid lads, get nae farder;
Slee wee deils, they smirk and snicker,
Lauchin gars their badness siccar.
Ay, for deevilrie uncheckit
That is aye to be expeckit!
Folks they tease, gar dumb beasts squeal
Aipples, peers and plooms they steal.
That's the sort of pleisand ploy
Gies them far mair muckle joy
Nor sittin quate upon a stuil
In the kirk or in the schuil.
Dear, oh dear, oh dearie dear!
Th'outcome o't is far frae clear.
'Twas a wicked road and lang
Dod and Davie waled to gang.
Here's the tale, as far's I kent it,
Set in pictures and here prentit.

First Ploy

Monie a wifie taks great pains
Wi her precious cocks and hens;
First for aa the eggs they lay
For their mistress ilka day;
Neist, because a bodie can
Eat a roast hen nou and than;
Third, the feathers come in handy
Fillin cods and bowsters dandy;
No a bodie, sae it's said
Likes to chitter in her bed.

See, there is the Weeda Bauld
Finnds she canna bide the cauld.

She'd three hens amang her stock
As weel's a proud and handsome cock.
Dod and Davie, sad to say
Thocht upon a ploy to play.
In the crackin o a whup
Get some breid and cut it up
In fower pieces — and what think ye? —
Ilka bit as thick's my pinkie!
Wi lenths o string they jine ilk bit,
In shape o cross they gar them fit.

Skeelie hands they were that made them.
In the guidwife's yaird they laid them.

When the cock thir pieces saw
Loudly he begoud to craw:
"Cockadoodle, cockadee!
Haste ye, haste ye, come and pree!"

Cock and hens wi eident greed
Gobble doun a dawd o breid;

As they warsle tane wi tither
Nane can twine her frae anither,

Jinkin, joukin, fleggit, worrit,
Ruggin, tuggin, back and forrit.

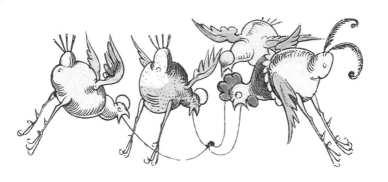

Flauchter up intil the air —
What a collieshangie there!

In the tree they are nou fankelt
Hingin frae a brainch that's runkelt.
Syne ilk craig gets lang and langer,
Fear-fangit sangs are melled in anger.

Frichtit, three last eggs are lain —
Daith comes by to claim his kain.

Bauldie, beddit in her chawmer
Waukens wi the fearsome yammer.

Worriet sair, she braves the nicht.
Wow! She sees a gruesome sicht.

"Frae my een gush out, oh tears!
Aa my hopes, aa my desires,
Ach my brawest dream I see
Hangit frae this aipple-tree."

She, in dool and sorrow-sair
Taks a knife to free them there;
Cuts the corps frae aff the string
That they micht nae langer hing.

Strucken dumb, and looking douce,
Taks her hens intil the hous.

Tellin o the first tale's dune
Saicont follies richt ahin.

Saicont Ploy

Weeda Bauld syne gat relief
Frae her sufferin and her grief;
Thocht, she did, that there and than
It wad be a wycelike plan
Gif her umquhile bairns, nou taen
Or their layin days were rin,
Could be honourably treatit,
Roastit, and at denner eatit.
Sad it was to see them there
Scuddie-nakit, cauld and bare,
Pookit, by the kitchen grate;
They on braw days, air and late,
In yaird and gairden, hour by hour,
Scartit happy in the stour.

Bauldie grat saut tears yince mair;
Dug sat waitin on the flair.

Reek o cookin, laddies smell.
"Sclim up on the ruif!" they yell.

Sune they're keekin doun the lum
Whence grand-reekin vapours come;
See the hens there lyin, pookit,
Sizzlin in the pan, near-cookit.

Weeda Bauld gaed doun the stair
Seekin kitchen til her fare;

Ashet sune was piled wi heaps
O gowden creamy champit neeps.
Neeps left owre she never wasted —
Sweirs het-up they're better tasted.

On the ruif lads taikle neist
Weys o gettin at the feast.
Dod wi foresicht unco fine
Brocht wi him a rod and line.

Eentie, teentie, haligolum
Roastit hen flees up the lum.

Ticketie tacketie nummer twa,
Thickerie thackerie three awa,
Fitherie fetherie nummer fower,
That's the tally safely owre.
Up the lum Dug saw them gang.
"Bowf-wowf! Bowf-wowf!"
his warnin rang.

Dod and Davie arena blate.
Aff the ruif they tak the gate.

What a stishie there was when
Mistress Bauld cam toddlin ben.
Fair dumfounert, tae, at that,
When she lookit at the pat.

Aa her roastit hens awa!
Syne her puir wee Dug she saw.

"Dug!" she yelled, "ye ill-faured gett ye!
Juist you wait until I get ye."

Wi her muckle ladle skelpit
At her puir wee Dug that yelpit
Loud at ilka dunt and dang —
Puir bruit felt he'd dune nae wrang.

Dod and Davie slee-ly creep
In the hedgeback for a sleep.
Muckle feast o hens is gane,
Nocht is left but yae hen-bane.

Tellin o that tale is dune
Third yin follies richt ahin.

Third Ply

Goat the Teyler in the toun
Was kent for miles and miles aroun.

Shiftin claes and Sabbath claes,
Warm top-coats for wintry days,
Lang-legg'd breeks and cutty cloaks,
Weskits fou o handy pokes —
Aa thir claes, or ocht bespak,
Teyler Goat richt weel could mak.
Skeelie, tae, to mend or patch,
Cut them doun, add bits to match,
Shew on buttons for your breeks,
Had been tint or lowss for weeks;
Hou or whar or what ye will
No a task owre ill to fill.
Maister Goat tuik't aa the same,
Pleasin folk was aye his aim.
Freind he was to ilka chiel,
Freinds they were to him as weel.
But our callants had a ploy
Goat the Teyler to annoy.

By Goat's hous there was a Water
Rinnin fast wi noisy blatter.

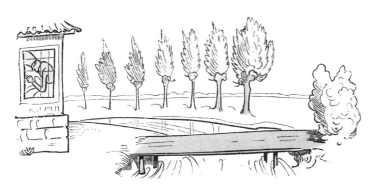

Sen the burn was no that big,
Plank o wuid serred as a brig.

Dod and Davie, hertless craturs,
Thocht to brek the brig in smaithers,
Skrechan-skrachan! wi the saw
Nearly cut the brig in twa.

Nou that darg is dune and by
Suddent there is hard a cry!

"Billy Goat, come out!" they geck,
"Teyler, Teyler, meck, meck, meck!"
Maister Goat could tak a lot,
Maistly he cared not a jot;
Tholin thon frae onie cratur
Gaed agin his better natur.

Pickin up his rule he tore
Smertly throu the open door.
Yince agane the laddies geck
Loudly at him, "Meck, meck, meck!"

Sune's he steps upon the brod —
Crack! Brig flees aa owre the road.

"Meck, meck, meck!" agane they yatter.
Plop! The Teyler's in the water.

Juist as this stramash was boomin
Doun the burn twa geese cam soomin.

Goat then, in the fear of Daith
Gruppit fast a leg o baith.

Baith the geese he had in hand
Helped him flee upon dry land.

Onie road, forby, atweel,
'Twas nae pleisand wey to feel;

Aa thir ongauns were to blame
For sic grypin in his wame.

Mistress Goat cam to his aid.
Sune a het flet-airn she laid
On's cauld kyte to ease the pain —
Made him feel as richt as rain.

Round the toun the news has gane:
"Goat's alive and weel agane!"

Tellin o the third tale's dune
Fowrth yin follies richt ahin.

Fowrth Ploy

It was statute and decreed
Whatna learnin Man wad need.
No alane the A B C
Helps him heicher things comprie;
No alane can scrievin, readin,
Gie the gumption that he's needin;
No alane wi sign and nummer
Should a man his mind encummer
But tak pleisure in acquirin
Gift o Wisdom to inspire'm.

Wi sic thinkin aye to hand
Dominie Duncan took his stand.

Dod and Davie, bad boys baith,
To agree wi him wcre laith:
They that wicked are indeed
To the Maister pey nae heed.

This fine teacher at the schuil
Lo'ed his baccy-pipe richt weel;
Days o darg wi moil and fricht
Deserve a pipe to soothe at nicht;
Hertless he that wad deny
Guid auld man his pipe forby!
Dod and Dave, wi muckle joy
Had in mind to play a ploy —
Dominie Duncan's hous to rype
Seekin there the Maister's pipe.
Sunday was the best time, than;
Dominie Duncan, honest man,

Gaed intil the kirk to play
At the organ on that day.

Thae bad laddies smooled intil
Duncan's hous sae quate and still;
When the meerschaum pipe they fand
Dodie held it in his hand;

Davie frae his pooch has won
Flask o pouther for a gun,
Stapped the pouther in the bowl
O the Maister's pipe, puir sowl!
Quick and quate for hame they hail
As the kirk begoud to skail.

Duncan, in guid tid, and free
Locked the kirk door wi his key,

Oxtered music sheets and Buik,
Wi a proud official look

Linkit at it canty, crouse
To his ain wee cosy hous.

Feelin fou o gratitude
To licht his pipe he syne begoud.

"Ah!" quo he, "Man's greatest pleasure
Is contentment in his leisure!"

WOOF! The meerschaum pipe explodes,
Fearsome BANG sends gear aa roads.
Water-joug and coffee-pat
Sneeshin-mill, inkhorn I wat,
Stove and table, easy chair
Wi the blast flee ilkawhar.

When the reek had blawn awa
God be praised, our man we saw
Live, but lyin there wi scaurs
Like he had been in the wars.

Neb and hands and lugs and face
Wad a bleckamoor disgrace;
Ilka hair that ever grew
On his powe is brunt enoo.

Wha will learn the scholars nou,
Spreidin wittan leal and true?
Wha is stieve eneuch to tak
Official duties on his back?
What will Dominie Duncan smoke
Nou his meershcaum pipe is broke?

Time heals aa, as is weel, kend.
No the pipe! It winna mend!

Tellin o the fowrth tale's dune
Fift yin follies richt ahin.

Fift Ploy

Wha in toun or kintraside
Has an uncle wi him bide,
Should be mensefu and polite —
In that his uncle will delyte.
"Mornin til ee" dae ye say,
"Is there ocht ye want the day?"
Bring him aa he needs: the paper,
Pipe and spunks, aiblins a taper.
Gif something at his back is grippin
Pokin, prickin, kittlin, nippin,
Are ye gled to be at hand
Meetin ilka smaa demand?
Gif he gies an unco sneeze
Efter's sneeshin, does it please
T' say "God bliss ye!" and "Guid helt!
Fegs but ye are welcome til't!"
Hameward late at nicht he cam —
Did ye pour him out a dram,
Fetch his slippers, cap, and goun,
Bield frae cauld when he sat doun?
Thocht ye than o ilka plan
Wad mak the chiel a happy man?

Dod and Davie, for their pairt
Fand nae merit in that airt.
Think ye on the ill-faured joke
They yince played on Uncle Jock.

We aa ken, baith ye and hiz,
Whatna beast the bum-cloke is,

'Mang the trees, abuin, about,
Fleein, crawlin, keekin out.

Dod and Davie, fou o glee,
Shog the clokers aff the tree.

In paper pokes, to hasten maitters
Stuff the creepie-crawlie craturs.

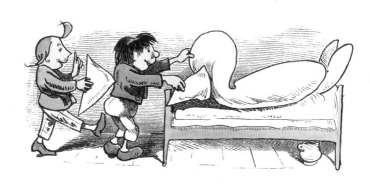

When the pokes are nearly fillt
Pit them under Uncle's quilt.

Uncle Jock gangs up to bed
In cutty sark and nicht-cap cled,
Steeks his een and coories in,
Restfu sleep comes to him sune.

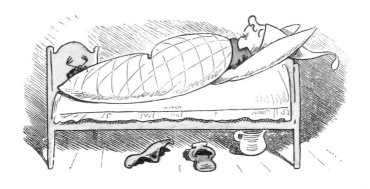

Syne the clokers in a press
Blouter out o the matress.

The first and foremaist in the race
Grups the neb on Uncle's face.

"Cripes!" he screiched, "What hae we here?"
And flang the nesty beastie clear.

Uncle Jock, wi horror struck,
Lowpit out o bed gey quick.

"Outsh!" At that he taks a straik
At yin that's crawlin doun his neck.

Here and there and gaun and comin
They creep and flee wi rowth o bummin.

Uncle Jock in his dire steid
Clowts and stramps the hale lot deid.

Tak ye tent hou he can sattle
Aa thae creepie-crawlie cattle!

Uncle Jock cam aff the best,
Steeked his een and lay at rest.

Tellin o the fift tale's dune
Saxt yin follies richt ahin.

Saxt Ploy

Eastertide's a braw time when
Pious kirk-gaun baxter men
Look the graith they need to bake
Monie a tasty sugar-cake.
Dod and Davie had a mind
T'ettle something o that kind.

But the baxter, wycelike man
Maks the bake-hous safe's he can.

Stealin in, a chiel wad need
To sprauchle throu the chimley-heid.

Doun the lum the laddies faa
Gettin black as onie craw.

Fuff! Intil the kist they clour
Whar the baxter keeps his flour.

Owre the bake-hous flair they walk
Lookin baith as white as chalk.

Joyfully the laddies spy
Whar the crusty breid's pit by.

Crack! The chair is broke in twa,

In the mixin-troch they faa,

Streaks o miserie in a fix
Happit in the gouie mix.

Ben the hous the baxter warsles,
Sees thir unco sweetie-morsels.

Yin, twa, three! And quick as thocht
'Til twa fancy loafs they're wrocht.

Oven nou is lowin reid,
Steeks them in wi muckle speed,

Draws them out when he can see
Loafs are cookit to a T.

Ilk yin thinks, "Weel that was it!"
Naw! The lads are no deid yit!

Nibble. Nibble, like twa mousis
Eat their wey out o their housis.

Baxter cried at what he saw:
"Dagont lads hae rin awa!"

Tellin o the saxt tale's dune
Hinmaist follies richt ahin.

Hinmaist Ploy

Dod and Davie, walawae!
Here's the last ploy that ye'll play.

What for wale amang your jokes
Cuttin holes in aa the pokes?

See, here comes auld Fermer Broun
Humphin secks o corn aroun.

Barely has he turned about
Nor the corn is skailin out.

Stoppit, ferlie-full, and pecht:
"Blastit seck is lossin wecht!"

Sees wi pleisure the forforn
Twasome dernin in the corn.

"Got ye!" There and than, by heck,
Shools the skellums in the seck.

Dod and Davie fecht for air;
To the mill he humphs the pair.

"Maister Miller, my gweed man,
Grind this corn as quick's ye can."

"Gie it me!" And in the happer
Cowps the rascals for the clapper.

Nicketie-nacketie nicketie-nack
Stounds the mill wi a clicketie-clack.

Nou ye wadna ken the lads
Weel-grund down and champed to blads.

Maister Miller's feathered foolies

Gobble up the tasty moolies.

Tail Piece

When the news ran throu the toun
Fient a tear was latten doun.
Weeda Bauld, o gentie mind,
"Expeckit something o the kind."
"Ay, ay, ay," cried Goat the Teyler,
"Badness is o life the speyler."
Up then spak the Dominie:
"The warning's there for all to see."
The Baxter, kneddin at his pastry
Wonnert: "What maks man sae tasty?"
Spak up Uncle Jock himsel:
"Sic a pair o gomerel!"
Fermer Broun was quate a wee,
Syne thocht: "Fat's 'at t' dee wi me?"
Deed! Cam rummlin throu the toun
Sic a blydesome merry soun:
"God be thanked! We're quat o boys
Wi their harum-scarum ploys!"

AFTERWORD

Wilhelm Busch has achieved lasting fame both as poet and painter through his picture stories, early forerunners of the comics of today. Born in 1832 at Wiedensahl, a small village west of Hanover, he was brought up by his uncle, a parson at Ebergötzen, a village near Göttingen. His language has an unmistakable North German flavour.

Max und Moritz (1865), his best-known work, was not an immediate success. He offered it to one of his publishers, Richter, who turned it down even though he did not ask for a royalty. But Braun and Schneider of Munich paid a small sum for this book, which must have turned out to be their most successful title ever; by 1910 it had sold over half a million copies and up to date it has had over 100 editions. Its continuing popularity can be seen in Germany today in the use of Busch's drawings on children's clothes, toys and other articles, and in advertising, as in an insurance advertisement warning against housebreakers with the illustration of the theft of the roast chickens. Even the West German post office honoured the boys with two stamps commemorating their centenary in 1965.

In the German-speaking world, especially in North Germany, Max and Moritz have reached the same heights of popularity as for example the best known characters in Grimm's fairy tales or Heinrich Hoffmann's *Struwwelpeter* (1845), their most direct competitor. But judging from the number of translations, the book's fame is not confined to German speakers. There are about 150 translations in over forty languages and dialects; not only European languages from Romansch to Estonian, and from Walloon to Hungarian, and major world languages, but also exotic languages such as Japanese and Tok Pisin of New Guinea. There have even been translations into dead languages such as Latin, Greek and Old English. The boys' international fame has however suffered from incompetent translators — a situation remedied only recently by the paperback edition, *Max und Moritz polyglott* (dtv: Munich 1982), which provides five translations into world languages, including W. Arndt's excellent English one. The present translation will also be printed, together with three other Scots versions, in my collection *Max and Moritz in English Dialects and Creoles* (Buske: Hamburg 1985).

J.K. Annand's rendering is a particular *tour de force* for various reasons. I had the special pleasure of watching it grow, and of seeing how he came to terms with the flavour of the story with an astonishing sensitivity. His skill is illustrated by his closeness to the original throughout, in wording, rhythm and metre. But he has ingenious divergences, such as substitutions (his *gowden creamy champit neeps* for Busch's *sauerkraut*), 'unnecessary' additions (*Did ye pour him out a dram?* to greet the homecoming uncle) and exaggerations (*Neb and hands and lugs and face/ Wad a bleckamoor disgrace* as against Busch's 'are as black as a moor's').

Such matters are of interest to the linguist but first and foremost this is a book for children, and I hope that Scottish children will enjoy the combination of the drawings with a Scots text.

Dr Manfred Görlach
Professor of English Language
and Medieval Studies
University of Cologne